GUIDE

DU COLON EN ALGÉRIE

Paris. — Imprimerie Lacrampe et Fertiaux, rue Damiette, 2.

GUIDE
DU COLON EN ALGÉRIE

ET DESCRIPTION

DES PRODUCTIONS DE CE BEAU PAYS

PAR M. DE LARFEUIL

ANCIEN ÉLÈVE DE L'ÉCOLE IMPÉRIALE ET MILITAIRE DE SAINT-CYR
ET OFFICIER DE L'EMPIRE.

PRIX : 1 FRANC.

EN VENTE :

CHEZ DENTU ET GARNIER, LIBRAIRES AU PALAIS NATIONAL,

ET AUTRES LIBRAIRES DE PARIS ET DES DÉPARTEMENTS.

1848

AVANT-PROPOS.

Jusqu'à ce jour plusieurs auteurs ont publié des ouvrages sur l'Algérie; mais ces explorateurs ont donné à leurs livres une forme et une étendue qui, à cause du prix d'argent d'une part, et de la nature de leurs recherches de l'autre, s'adressent plus spécialement aux classes supérieures de la société, et ne sont nullement à la portée de la pluralité des émigrants; c'est donc pour ces derniers particulièrement que j'ai cherché à resserrer dans un très-petit cadre toutes les indications qui peuvent leur être les plus utiles.

Il m'a semblé qu'il leur importait de connaître exactement toutes les ressources de ce pays, et c'est dans ce but que j'ai fait la description du climat, des productions de toute nature, et, en un mot, des richesses qu'il peut offrir. Je me suis appliqué à remplir cette tâche fidèlement et sans exagération, pour n'induire personne en erreur; à côté des avantages j'ai signalé les inconvénients, et dans cet exposé j'ai voulu être simple, clair et parfaitement compris, même des personnes les moins familières avec l'étude, de telle sorte que, sans peine et sans effort de mémoire et d'intelligence, elles pussent acquérir les notions les plus indispensables sur ce sujet. Aussi j'ai laissé de côté les recherches historiques, la généalogie des tribus, leurs filiations, leur classement et leurs dénominations, ainsi que les faits chronologiques, pensant que ces études sérieuses étaient peu utiles à ceux qui s'expatrient pour satisfaire aux nécessités de la vie matérielle. D'après ce plan, je n'ai parlé des indigènes que pour faire connaître la nature des rapports que l'on pourrait établir avec eux, et pour prévoir quels services nous pourrions en retirer. J'ajouterai que dans cette courte notice, j'ai envisagé beaucoup de questions sous un point de vue nouveau, et que les observations que j'adresse au Gouvernement sont dans l'intérêt réciproque de l'État et des colons; si toutefois le tableau que je présente de l'Algérie paraît séduisant, exagéré et empreint d'un vif sentiment d'admiration, je répondrai que j'ai dû être vrai avant tout, et que la beauté de ce merveilleux pays n'est pas assez appréciée en France; pour ma part, j'ai eu l'intention d'y contribuer, et mes lecteurs en jugeront.

Cette nouvelle France africaine, acquise à la mère-
patrie, au prix du sang de ses vaillants enfants et de
ses trésors, est appelée à nous récompenser un jour
avec usure de nos immenses sacrifices, sous le rapport politique, commercial, des subsistances et de la
colonisation. La description topographique de ce
beau pays se trouve au chapitre suivant; quant à ses
ressources, elles sont nombreuses et variées; mais il
faut les créer là où elles manquent et les développer
où elles existent déjà. C'est une terre vierge qui n'attend que la charrue pour prodiguer ses richesses.
Maintenant, le point le plus délicat et le plus contro-
versé, c'est le genre de colonisation, qui ne peut être
bonne et prompte qu'autant qu'elle inspirera sécurité, confiance, bien-être aux émigrants.

La sûreté des personnes et de tout ce qu'elles pos-
sèdent, une viabilité commode, l'entrée dans la colonie de tous les objets venant du dehors, qui lui sont
nécessaires, aux meilleures conditions possibles,
l'exemption, temporairement, des charges que l'on
fait peser sur les civilisations avancées, tels sont les

avantages dont il faut l'entourer pour l'aider à grandir promptement. Une colonie naissante est comme un enfant qui ne peut marcher tout seul ; et si l'on débute mal, si l'opération est vicieuse par sa base, on fera des efforts inutiles qui n'aboutiront à rien ; mais nous espérons et nous avons la conviction que ces craintes ne se réaliseront pas, et qu'elle arrivera promptement à de hautes destinées.[1]

Sans doute nous avons eu et nous avons toujours l'intention d'avoir conquis cette vaste étendue de terre pour notre avantage particulier ; ce sont donc des Français qui seuls devraient avoir le bénéfice des concessions ; ce serait juste, conséquent, et d'une bonne politique, soit pour absorber lentement, pendant un grand laps de temps, la partie de notre population la plus nécessiteuse, ou la plus remuante et la plus ambitieuse, soit pour la défense et la conservation du territoire, dans le cas d'événements imprévus, soit enfin pour que l'esprit français seul y prédomine toujours.

Quelques-uns, en très-petit nombre, il est vrai, veulent la colonisation militaire, et presque tout le monde la colonisation civile exclusivement : toutes les deux peuvent être bonnes et exister en même temps dans certaines limites : la première serait peut-être avantageuse comme mesure de sûreté, bien qu'il y ait peu de dangers pour l'avenir, maintenant que la domination et la pacification paraissent complètes, en la renfermant dans une zône très-restreinte sur toute la partie du périmètre du pays qui présenterait des dangers sous le rapport de l'agression ; la seconde serait préférable partout ailleurs.

Pour que les Français s'y plaisent, il faut qu'ils y retrouvent nos lois, nos usages, et qu'ils croient n'avoir que changé de département. Avant de pouvoir coloniser avec succès et sur une grande échelle, il est indispensable que l'Etat fasse à ses frais beaucoup de travaux, dont les principaux sont les édifices publics pour mairies, églises, presbytères, salles d'écoles, fontaines, ponts, routes, tranchées pour l'assainissement; là plus qu'ailleurs une police vigilante aura à surveiller avec une fermeté intelligente des inconnus dont les antécédents peuvent être mauvais, ce qui rendra sa mission plus difficile et plus délicate. Une fois assurés d'une protection efficace, les honnêtes gens redouteront moins d'avoir autour d'eux des voisins dont ils ignorent l'origine et la vie passée.

Les terres de certaines plaines, et de la Mitidja principalement, n'ayant pas été remuées de long-temps et ayant dans plusieurs parties des eaux stagnantes; beaucoup d'éléments du règne végétal étant par conséquent à l'état de putréfaction sur ce sol, quand on le travaille il s'en échappe des miasmes contagieux et nuisibles à la santé; donc, tant pour l'hygiène que pour une bonne culture, il faut que ces graves inconvénients disparaissent; c'est pour cela que de grands fossés devront être creusés pour l'écoulement de ces eaux, sans quoi l'on aurait une mauvaise culture et des fièvres endémiques qui feraient déserter les colons; c'est encore l'Etat qui devra se charger de cette importante amélioration.

L'ancienne France a des propriétés territoriales domaniales, appelées biens de l'Etat; ne serait-il pas extrêmement opportun et juste que la nouvelle eût aussi les siennes? Voici le plan que je soumets aux méditations des hommes du gouvernement.

Nous avons dans plusieurs parties de la France

huit départements qui seuls ont le privilége de la culture du tabac, et ce sont les meilleures terres que l'on y consacre; puisque nous voulons et devons augmenter nos céréales, il faut rejeter et repousser tous les obstacles qui entravent ce projet.

7,955 hectares sont employés pour cette culture, qui est entre les mains de vingt mille planteurs qui en retirent six millions de francs, car c'est un produit riche qui donne à la terre un loyer bien supérieur aux autres productions, puisqu'un hectare peut rendre jusqu'à deux mille francs, et la rente moyenne est de 689 fr. 30 cent. par hectare; il est donc évident que l'administration accorde une faveur réelle aux propriétaires auxquels elle donne cette autorisation. Sous l'ancien gouvernement c'était un moyen d'influence électorale, qui a soulevé à diverses reprises de justes et vives récriminations, mais c'est un abus qui ne pourra pas se reproduire sous le régime nouveau. En interdisant cette culture à tous les départements sans exception, on ferait rentrer dans le droit commun ceux qui ont ce privilége exorbitant, et par conséquent ils ne pourraient pas raisonnablement s'en plaindre.

Tout en cherchant le bien général, je me préoccupe aussi de l'agrément des consommateurs de tabac, et je ne doute pas que celui qui viendrait d'un climat beaucoup plus chaud, tel que celui de l'Algérie, ne fût d'une qualité très-supérieure, et aussi parfait que le Macouba ou que son rival de la Havanne qui sont si recherchés et qui nous coûtent si cher : les expériences déjà faites ne laissent aucun doute à cet égard. Ainsi, non-seulement la France s'approvisionnerait complétement elle-même, mais encore elle en vendrait beaucoup aux Etats du Nord.

C'est donc naturellement en Algérie que je voudrais faire transporter cette culture au profit et pour le compte seul de l'État, qui réunirait les qualités de propriétaire, de manufacturier et de commerçant ; par la réunion de ce triple avantage, il aurait tous les bénéfices, et il est juste, en retour des sacrifices que nous lui demandons, de lui faire une large part.

Il serait étrange que l'on vînt donner le nom d'utopie à ce plan et qu'on l'accueillît avec dédain ; et je ne crois pas que l'on rencontrât de sérieuses difficultés pour en réaliser l'application. Qu'on prenne, au centre de la fertile plaine de la Mitidja, toute l'étendue nécessaire pour construire les bâtiments convenables pour les manufactures, pour emmagasiner les récoltes, pour loger les employés et les travailleurs. Pour commencer, on n'élèverait pas de somptueuses constructions ; on y mettrait le plus d'économie possible, pour ne pas trop surcharger le Trésor ; et aussitôt que ces nouvelles manufactures seraient en activité, le gouvernement vendrait les locaux et les propriétés bâties qui servent actuellement à cet usage, et rentrerait dans une grande partie de ses déboursés. Que les colons ne s'inquiètent pas de ce monopole, ils verront plus loin qu'assez d'autres cultures leur sont réservées pour les enrichir.

Pour le présent, et plus encore pour l'avenir, il serait juste et politique que l'État restât possesseur d'une grande quantité de terrain qui aujourd'hui, au surplus, serait vendu à de mauvaises conditions à cause de sa vaste étendue et du peu de population que ce pays possède, puisqu'elle ne dépasse guère le chiffre de quatre millions, tant en indigènes qu'en Européens ; et cependant on peut prédire que par la suite des temps elle sera considérable. Avec un semblable débouché, que peut-on craindre à l'avenir quant à l'exubérance de population en France?

Les variétés de culture qui conviennent à l'Algérie sont nombreuses, beaucoup sont acclimatées et connues, les expériences et les essais en feront encore découvrir de nouvelles; c'est ce que nous allons examiner dans un instant.

La colonisation, amenant avec elle la civilisation et le commerce, opérera plus de merveilles pour la pacification et l'entière soumission du pays que les ravages de la guerre. Maintenant que la poudre a produit son effet, le tour du travail intelligent est venu, et nous prouverons, par une sage administration, aux indigènes, qu'ils sont plus heureux sous notre domination que sous celle du fanatisme musulman; ils ne tarderont pas à s'apercevoir qu'il s'est opéré un changement favorable pour eux, et insensiblement ils adopteront nos mœurs, nos habitudes, et se soumettront sans peine au régime de nos lois. L'exemple, le contact et la persuasion opéreront cette transformation plus promptement qu'on ne le pense. Les agréments de la vie sédentaire leur feront apprécier les inconvénients de la vie nomade, aventureuse et remplie de privations, qu'ils menaient autrefois, et, au lieu d'avoir des regrets, ils béniront la Providence de cet heureux changement.

Maintenant que ces observations préliminaires sont faites, nous allons passer en revue les productions que l'on peut retirer de ce pays, et exposer notre système pour l'établissement des colons.

CULTURE ALGÉRIENNE.

Située entre le 34ᵉ et le 37ᵈ degré de latitude nord, l'Algérie a une température assez égale, sans brusque transition ; dans les plaines et les vallées, il n'y a presque jamais de gelées, les saisons se succédant les unes aux autres d'une manière insensible ; l'air y est sain n'étant jamais trop chaud, puisque la plus haute température d'été varie de 32 à 35 degrés, et qu'elle est rendue supportable par un vent presque constant. Les rosées sont tellement abondantes en été qu'elles équivalent à de petites pluies, et préservent les récoltes de la dessiccation ; d'ailleurs les sécheresses continues qui désolent d'autres contrées méridionales n'ont jamais lieu, et il est rare de passer un mois sans pluie ; la moyenne de quantité d'eau qui tombe annuellement dans la province d'Alger, est de 0ᵐ,740 à 0ᵐ,760, tandis qu'à Paris elle n'est que de 0ᵐ,530, ce qui fait l'énorme différence de 0ᵐ,230 en faveur d'Alger, ce qui est un avantage très-précieux pour un climat aussi chaud : et, en effet, un volume d'eau qui serait nuisible dans le nord est un bienfait pour une latitude du sud, où la fertilité est subordonnée à la fréquence des pluies. Il y a peu d'orages, point d'ouragans, ni grêles, ni pluies torrentielles et dévastatrices ; ainsi, sous tous les rapports, les conditions météorologiques sont satisfaisantes ; examinons maintenant si celles du sol le sont aussi.

La contenance totale des trois provinces d'Alger, d'Oran et de Constantine, peut être évaluée à vingt millions d'hectares.

Le sol est en général argilo-calcaire et assez pourvu de matières organiques ; il y a beaucoup de sel marin mêlé à la terre, on trouve des eaux salées dans l'intérieur, et c'est là, sans contredit, une cause de fertilité. Les roches gypseuses ou le plâtre, la chaux et la marne sont des matières communes que l'on y aperçoit à profusion. Le relief et la configuration de ce territoire sont avantageux, les pentes des montagnes sont moins abruptes qu'elles ne sont dans d'autres pays, et ne sont point dénudées, ayant, au contraire, une couche de terre suffisante pour permettre aux arbres d'y bien venir ; les sources et les cours d'eau, sans être très-abondants, existent dans la plus grande partie des localités, et si la terre n'a pas tout à fait au même degré cette fécondité merveilleuse que sur quelques surfaces du Nouveau Monde, recouvertes de forêts séculaires qui ont formé le terreau le plus riche que l'on puisse désirer, cette différence tient uniquement à ce que là les bois ont éprouvé à diverses époques une destruction presque complète, et que les Arabes, avec leur détestable culture, ont appauvri le sol en le cultivant fort mal, et en ne lui donnant jamais d'engrais.

Il est donc constaté que le climat et la nature du sol peuvent fournir les chances et les combinaisons les plus favorables aux colons européens ; mais avant de passer en revue les cultures qui nous paraissent plus ou moins convenables, qu'il nous soit permis de présenter quelques réflexions préalables qui ne sont pas sans importance.

Dans les climats chauds les hommes se fatiguent vite à la peine, redoutent les travaux matériels qui exigent une grande dépense de forces corporelles ; ayant besoin de moins de nourriture que sous les latitudes septentrionales ou tempérées, ils ont moins d'activité et aiment le repos par dessus toutes choses ; mais aussi la Providence, toujours prévoyante dans toutes ses œuvres, a donné ici à la nature une puissance de production infinie, à tel point que dans beaucoup de cas il suffit de bien diriger les agents naturels pour obtenir avec une faible somme de labeur des résultats immenses ; c'est donc alors une impulsion et une direction habiles qu'il s'agit de faire fonctionner, pour arriver à avoir, avec moins d'efforts, des produits qui ne s'obtiennent ailleurs que par la vigueur des bras de l'ouvrier. Au premier rang des éléments fertilisateurs sous un soleil chaud, je placerai l'eau, qui sous toutes les latitudes procure des bénéfices ; mais si en Belgique et en Hollande, l'irrigation donne un, en Algérie, toutes choses égales d'ailleurs, elle donnera cinq et plus, et pour preuve, à Valence en Espagne et aux environs de Milan, il y a des hectares cultivés en piment qui rendent jusqu'à 4,500 fr. ; il y a des prés que l'on peut faucher tous les quinze jours dans certaines saisons ; il y a des plantations en orangers et en citronniers qui procurent des revenus étonnants. En partant de ce principe qu'on ne peut attaquer, je dirai que la production agricole algérienne ayant beaucoup plus à gagner à l'emploi exclusif de l'eau que la production industrielle, qui d'ailleurs peut très-bien fonctionner à l'aide de la vapeur, du vent, des manéges et de beaucoup d'autres moteurs, on doit réserver l'usage de l'eau à l'agriculture, et j'ajouterai que l'État ne doit reculer devant aucuns frais pour établir partout un bon système d'irrigation, par des barrages, des écluses, des canaux, des aqueducs et différentes machines hydrauliques, parce que là est la richesse de la colonie, et la poule aux œufs d'or.

Ce serait une profonde erreur de compter sur les colons pour de semblables travaux ; ils ne pourraient jamais les faire convenablement.

Indépendamment de l'utilité et du bon emploi des eaux courantes, l'humidité naturelle du climat est assez grande pour favoriser la croissance de l'herbe, et cela est si vrai, qu'aussitôt que l'on cesse de cultiver un champ, il se couvre spontanément dans la même année de graminées qui fournissent un pâturage abondant, et même que souvent on peut le faucher.

D'après ces données, on peut conclure que cette contrée est éminemment propice à l'entretien et à l'éducation d'un nombreux bétail, et en second lieu à la culture arborescente dont nous parlerons un peu plus tard. Quant à la culture céréalifère, elle devra avoir beaucoup moins d'extension qu'en France par de nombreux motifs qu'il est facile d'apercevoir ; les principaux sont ceux-ci : dans les premiers temps de la colonisation, les ouvriers étant rares, les travaux de défrichements seront difficiles et coûteux ; en second lieu, les fourrages et les arbres qui donneront d'immenses produits avec très-peu de main-d'œuvre, mériteront dans tous les temps la préférence, et il est probable qu'on se contentera de faire venir des céréales pour la consommation locale et pour avoir un peu de paille, mais rarement en vue de la vente. On comprend assez que l'arboriculture bien dirigée serait une source infaillible de richesses, sans qu'il soit besoin d'entrer dans de plus amples détails à ce sujet, et en indiquant les différentes espèces d'arbustes que l'on pourra planter, nous verrons les avantages particuliers de chacun d'eux, et pour procéder par ordre dans l'exposition de notre système

général agricole, nous allons commencer par la
culture granifère.

Du blé.

Les diverses variétés de froment des bords de la
mer Baltique et de la mer Noire réussissent à peu près
partout; on y cultive les blés tendres et durs, et ce
dernier, le *triticum durum*, que les Arabes distinguent
par le nom *jennah-nassr*, est le plus avantageux.
Les farines ont moins de blancheur qu'en France, et
cependant elles font de meilleur pain et conviennent
surtout pour la fabrication des pâtes dites de Gênes;
il n'en existe pas de meilleures pour cet usage. Avec
une bonne culture, le rendement moyen pourrait
être de 15 à 20 pour une semence; les Arabes obtiennent 15, et il y a certaines plaines privilégiées où
le produit est double.

On sème de novembre à janvier, et la récolte a lieu
de la mi-juin au premier juillet. Le dépiquage du
grain se fait comme en Provence avec les pieds des
chevaux. On devra semer très-clair, un hectolitre
et demi suffira pour un hectare, parce que les hivers
étant très-doux, les racines tallent beaucoup.

De l'orge.

L'orge y vient encore mieux que le froment; celle
d'hiver appelée escourgeon et toutes les autres espèces
de printemps et principalement celle à six côtés
y réussissent admirablement et donnent jusqu'à
quarante hectolitres par hectare; c'est le grain de
prédilection des Arabes, à cause de sa prompte
croissance, de son grand produit, et qu'en outre c'est

leur principale nourriture ainsi que celle de leurs chevaux.

Du seigle.

Le seigle y est assez semblable au nôtre, et y croît fort bien dans les endroits frais.

L'avoine.

L'avoine n'y réussit pas, ou du moins si mal que l'on a renoncé à la cultiver.

Le maïs.

Le maïs qui affectionne les pays chauds y réussit très-bien et rend de 20 à 80 hectolitres par hectare, surtout quand on peut l'irriguer.

Le millet.

Le millet supporte aussi parfaitement la chaleur ; c'est un excellent fourrage, et le grain qui est mangé par les hommes est aussi d'une grande utilité pour la volaille.

Du sorgho.

Le sorgho produit beaucoup ; il est aussi utile que le millet, et ces deux plantes viennent dans les plus mauvais terrains.

Le sarrasin.

Le sarrasin, qui est une plante originaire des pays chauds, vient à merveille ; mais quelquefois les vents chauds font couler la fleur, et alors il faut se hâter de le couper pour fourrage ou l'enfouir pour engrais.

Les fèves, ainsi que les haricots de toute espèce sont cultivés avec succès.

Des pois.

Les pois d'hiver, pois de printemps pour fourrages ou pour le grain, peuvent y être cultivés. Les vesces et les gesces y croissent très-promptement.

Des racines fourragères.

Les récoltes-racines aiment la chaleur, viennent bien, mais dans des terres très-meubles et fortement fumées. On ne doit pas leur épargner les binages.

La pomme de terre.

La pomme de terre produit moins qu'en France, est moins bonne, et la conservation en est difficile, parce qu'on ne peut pas l'empêcher de germer ; mais en revanche, on a deux récoltes dans la même année sur la même terre.

Le topinambour.

Le topinambour, qui est originaire du Pérou, conviendrait parfaitement à ce climat et aux terres sèches, fussent-elles d'une qualité très-médiocre. C'est une plante très-utile pour sa racine et comme fourrage, qui exige peu de travail et qui nettoie bien la terre.

Des navets.

Les navets doivent être semés en hiver et croissent très-vite.

Les patates, le manioc, l'igname, et autres tubercules des régions intertropicales, y viendraient et seraient fort utiles.

Du piment et de l'aubergine.

Le piment et l'aubergine y viennent aussi bien qu'en Espagne.

Des pastèques et des melons.

Les pastèques et les melons y sont d'une qualité parfaite, d'une grosseur énorme, et n'exigent pas de grands soins, tant le climat leur est propice.

La culture maraîchère, aux environs des villes, partout où l'eau sera abondante, aura de bons résultats. Tous les légumineux de France y viennent si bien qu'ils donnent jusqu'à huit récoltes par an; on a vu des choux-fleurs ayant un mètre de diamètre, des coings gros comme de petites citrouilles.

Des plantes fourragères.

Les trèfles bisannuels, communs et blancs, ou annuels, autrement dit incarnats, y prospèrent partout et croissent spontanément dans beaucoup de localités.

Du sainfoin.

Le sainfoin, qui est une plante qui a une prédilection marquée pour les terres à couches calcaires et marneuses, qui, en outre, aime la chaleur, est là chez lui, et peut facilement donner plusieurs coupes abondantes.

La luzerne.

La luzerne, en lui choisissant, comme en Europe, les terres profondes franches, à sol siliceux et un peu humide, donnera un nombre infini de coupes, et particulièrement si on a le soin de la plâtrer, de l'irriguer et de la travailler une fois dans l'année avec l'extirpateur. Une luzernière, dans ces conditions, sera un vrai magasin à fourrages.

Le ray-grass et le fromental.

Ces deux graminées peuvent aussi occuper avantageusement leur place et fournir un contingent d'alimentation considérable.

La lupine.

La lupine et un grand nombre d'autres graines peuvent y être introduites avec avantage.

La chicorée sauvage.

Nous ne pouvons oublier ici la chicorée sauvage, qui dure cinq à six ans, ne craint nullement la chaleur ni la sécheresse, fournit quatre coupes annuelles, et qui est très-salutaire et très-laitière. On fera bien d'en cultiver une certaine étendue.

Les plantes commerciales ou dites industrielles y réussiront parfaitement ; mais comme elles exigent beaucoup d'engrais et de main-d'œuvre, elles ne pourront être cultivées que dans une très-faible proportion et aux environs des villes, où l'on a la ressource d'acheter du fumier.

Les plantes textiles, telles que le chanvre et le lin, y réussiraient bien, et surtout cette dernière, que l'on trouve abondamment dans les champs à l'état sauvage. Néanmoins, malgré leur belle venue, il est désirable que ces cultures prennent peu de développement, dans l'intérêt de l'hygiène, à cause des inconvénients d u rouissage, qui seraient plus funestes là qu'ailleurs. L'administration ferait bien d'interdire l'usage des rutoirs : alors on serait obligé de rouir à la rosée. Je sais bien que ce mode est plus long et plus difficultueux ; mais la conservation de la santé doit passer avant toute autre considération.

De la garance.

La garance est une plante tinctoriale des plus productives pour le revenu et qui y réussit bien ; cependant on ne pourra guère la cultiver, à cause de l'énorme travail qu'elle exige ; et d'ailleurs elle peut être remplacée très-avantageusement par le *henné*, qui fournit une matière colorante plus brillante et qui, en sa qualité d'arbuste, n'exige pas beaucoup de main-d'œuvre.

De la canne à sucre.

La canne à sucre conviendrait parfaitement comme nourriture pour le bétail, et particulièrement pour les chevaux ; mais il paraît qu'elle serait peu convenable pour le sucre, attendu que les essais qui ont été tentés en Italie et en Espagne, sous les mêmes latitudes, n'ont pas réussi. Cette circonstance est peu regrettable, quand on réfléchit au bas prix où est tombée cette denrée ; et dans l'intérêt de nos anciennes colonies on ne devrait pas y tolérer cette fabrication, lors même qu'elle y serait possible.

Du riz.

Dans les plaines qui se trouvent entre Alger et Oran il y a de grandes cultures de riz ; il y est très-convenablement placé pour donner de beaux produits ; mais nous répéterons ce que nous avons dit pour le rouissage du chanvre, que l'on devrait le proscrire dans l'intérêt de l'hygiène, et que ce n'est pas dans un pays où il y a tant de cultures avantageuses à faire que l'on est embarrassé de choisir, qu'il faut supporter celles qui sont insalubres.

CULTURE ARBORESCENTE.

L'olivier.

La France tire annuellement de l'étranger plus de quarante millions d'huiles comestibles et autres; elle peut dans peu d'années s'affranchir de ce tribut énorme au moyen de l'Algérie, où l'olivier croît partout merveilleusement bien et dont la récolte en fruits est certaine, attendu qu'il n'est pas exposé, comme dans nos départements méridionaux de la France, aux gelées printanières ; c'est donc un produit sûr, qui serait une source infaillible de richesses pour les colons, sans travail très-pénible. La Provence commence à se dégoûter de cette culture, à cause des pertes fréquentes de récoltes; ainsi cette rivalité ne serait pas fâcheuse pour elle. Un hectare bien planté peut avoir de 210 à 230 pieds d'oliviers. Au bout de six à sept ans ils sont en plein rapport; à raison d'une moyenne de dix francs par pied de rapport, on aurait deux mille à deux mille quatre cents francs de revenu annuel pour un hectare; revenu aussi élevé que celui d'un domaine de soixante à quatre vingt mille francs en France.

Lorsque cet arbre a été greffé et bien traité, il prend un développement quatre fois plus rapide et plus considérable qu'en Provence, et il devient aussi grand qu'un chêne d'Europe. Il est tellement approprié à ce pays qu'il est répandu à profusion sur toute sa surface ; on le trouve dans les makis, dans les broussailles, dans les haies et en un mot dans tous les coins et recoins, et on ne saurait calculer l'immense parti que l'on pourrait tirer de ce précieux végétal ; lui seul suffirait pour la prospérité d'une nombreuse colonie, et cependant la nature dans sa magnifique prodigalité a placé à côté de lui un grand nombre d'autres auxiliaires puissants ; en un mot, des trésors de toute espèce existent sur cette délicieuse plage, et il est incompréhensible que pendant tant de siècles cette riche contrée ait été abandonnée à la barbarie, et que la civilisation n'ait pu y pénétrer. Que de biens perdus pendant un si long laps de temps ! Oui, le monde entier doit bénir la France d'avoir rendu la vie à ces lieux enchantés que des hordes sauvages n'auraient jamais dû souiller.

Des orangers et des citronniers.

Les orangers, les citronniers et cédrats, toutes les fois qu'on pourra les irriguer convenablement, par l'abondance et la valeur de leurs produits donneront un résultat supérieur. En France ce sont des arbustes, et en Algérie ce sont des arbres qui ont la dimension de nos beaux arbres à fruits.

Le mûrier.

Il existe déjà une certaine quantité de mûriers, et l'on n'a aucun doute sur la facilité de pouvoir les multiplier à volonté ; il est aussi certain que l'éducation du ver à soie y serait plus facile qu'en France et qu'il y serait plus productif : on serait dispensé à cet égard de beaucoup de précautions minutieuses, de l'emploi du thermomètre et d'une foule d'autres soins qui sont indispensables dans nos magnaneries. L'Italie qui est sous la même latitude nous offre la preuve que l'industrie séricole pourrait être installée en Afrique avec un grand succès ; et sous un climat où l'on redoute les travaux pénibles, cette occupation serait infailliblement du goût des habitants, et ce qu'il y a de fort agréable dans cette branche d'exploitation, c'est qu'elle peut être confiée aux femmes, aux enfants et aux invalides, puisqu'elle n'exige l'emploi d'aucunes forces corporelles.

En attendant la croissance des mûriers, il paraît que l'on pourrait nourrir les vers à soie avec la rame du salsifis, et si l'on pouvait acclimater le ver à soie qui vit sauvage sur les arbres, ce serait important, parce que c'est l'espèce la plus vigoureuse, et qui produit le plus ; il est plus que probable que l'on ne négligera pas de donner de l'essor à une industrie si belle et si lucrative.

Le nopal cochenilifère.

Cet arbuste y vient bien, mais son importance n'étant que secondaire, nous ne le faisons figurer ici que pour mémoire.

Le figuier.

C'est son pays natal, et tout le monde sait que la figue est un fruit recherché et que le commerce en fait une grande consommation.

L'amandier.

Il est aussi d'un produit certain, attendu qu'il n'est pas exposé aux gelées du printemps ; cet arbre réussit parfaitement sur les collines et les terrains secs ; mais il craint l'humidité.

Le noyer.

Cet arbre très-précieux pour le centre de la France, l'est beaucoup moins en Afrique ; cependant, à cause de son excellent bois, on fera bien d'en planter quelques-uns ; mais malheureusement il est très-long à venir et ce n'est qu'après une vingtaine d'années qu'il commence à avoir quelque valeur.

Le pistachier.

Cet arbuste y donne de bons résultats, son fruit est agréable, du reste il n'y a rien d'essentiel à en dire.

Le houblon.

Le houblon y serait d'une qualité supérieure et d'une vente certaine ; c'est donc une production qu'il faudrait favoriser.

L'arbre à thé.

Il y aurait là un climat propice, il serait bon d'encourager également cette culture ; c'est une expérience à faire.

L'agave.

C'est une plante très-répandue qui sert à faire des haies impénétrables au bétail ; ses feuilles, après un rouissage, fournissent un fil très-fort, bon pour faire des cordes, des nattes et même des toiles grossières, mais très-solides ; elle croît dans les plus mauvaises terres, et ses sucs, que l'on recueille en coupant la hampe avant la floraison, fournissent une boisson sucrée, susceptible de fermentation alcoolique et qui plaît beaucoup aux Arabes.

Le bananier.

C'est une des plantes les plus précieuses pour les pays chauds ; mais malheureusement il lui faut des emplacements choisis pour qu'elle reçoive d'abondantes irrigations ; aussi, en revanche, elle a l'avantage de produire dès la seconde année de sa plantation, et de donner de grands profits. Ce fruit est mûr en janvier.

Le grenadier.

C'est un arbuste indigène que l'on trouve partout, dans les haies comme dans les broussailles.

Le palmier dattier, le caroubier et le jujubier, sans être d'une grande importance, peuvent aussi occuper une petite place.

Le cactus.

Nous aurions grand tort d'oublier de mentionner le cactus, qui est un arbrisseau par excellence, parce qu'il a l'avantage de croître dans les terres les plus stériles, sans soins ; il est utile, par ses fruits abondants, pendant quatre à six mois, qui sont un aliment excellent pour les hommes et les animaux domestiques ; par ses feuilles, qui servent à nourrir le bétail pendant les grandes sécheresses, et enfin, pour former en même temps des clôtures pour les champs.

Que de services rendus à la fois par un petit arbuste !

Le henné.

Le henné est un bel arbrisseau de dix à douze pieds de hauteur ; et nous avons déjà dit qu'il pouvait remplacer la garance, et qu'il fournissait une matière colorante plus éclatante que cette dernière.

Le ricin.

C'est un très-faible arbrisseau en Europe, et qui prend les dimensions d'un arbre en Algérie ; il donne deux récoltes par an, et son fruit fournit une huile que l'on emploie avec succès dans les savonneries.

Du caféier.

Dans les commencements, on avait pensé que cet arbuste pourrait y convenir ; mais les expériences faites ont prouvé que l'on s'était fait illusion. Ainsi, il est inutile de s'en occuper et même d'en avoir des regrets.

L'indigotier.

Cette plante mûrit très-bien en Algérie et peut y donner de deux à trois récoltes par an ; elle est riche en matière colorante.

L'arbousier.

L'arbousier est un petit arbuste qui croît naturellement, et porte un fruit très-agréable au goût, de la couleur et de la forme d'une fraise, mais beaucoup plus gros.

Le cotonnier.

Cet arbre pourrait parfaitement y croître, mais c'est une industrie qui ne peut convenir quant à présent, attendu qu'elle exige une population intense.

De la vigne.

Cette plante rampante acquiert sous ce ciel, comme beaucoup d'autres arbustes, des proportions colossales et presque incroyables : on y voit des ceps qui ont vingt centimètres de diamètre, des grappes d'une grosseur prodigieuse, qui pèsent jusqu'à huit kilogrammes, et qui ont des grains de huit centimètres de circonférence.

Après l'olivier, c'est peut-être le végétal qui y pousse avec le plus de vigueur et qui s'y complaît le mieux. Les raisins noirs et blancs de différentes espèces s'y rencontrent : on y distingue le chasselas, le malaga, le corinthe et quelques autres variétés; dans quelques localités, le raisin y mûrit sans avoir reçu de culture, et, ce qui est fort extraordinaire, c'est que la vigne fleurissant deux fois, on a deux récoltes.

Par les comparaisons que l'on est à même d'établir, et par les données que l'on a, on est en droit de conjecturer que l'on pourrait, dans les bonnes expositions, y faire des vins aussi fins et aussi liquoreux qu'en Portugal, qu'en Espagne, qu'aux îles de Madère et autres aussi renommés.

Pour ne pas nuire au midi de la France, il serait peut-être prudent de ne permettre cette culture que dans les endroits susceptibles de donner des vins de haut crû de prix, et j'ajouterai que le commerce des raisins secs pourrait y prendre un grand développement sans concurrence fâcheuse pour nos provinces méridionales.

En général, je dirai ici une fois pour toutes, qu'il serait sage et prudent de favoriser là-bas les produits que nous n'avons pas ici, et d'arrêter l'essor des similaires que nous possédons en grande quantité.

Au surplus, la vigne ne pouvant prendre de l'extension qu'au sein des populations nombreuses, à cause du travail qu'elle exige, et une infinité d'autres cultures bien plus lucratives étant offertes aux colons au prix de moins de fatigues, il n'y a pas à craindre qu'ils soient assez mal avisés pour exploiter la vigne dans des conditions défavorables.

Arbres à fruits de France.

Tous les arbres à fruits que nous possédons, tels que le pommier, le poirier, le cerisier, le pêcher, l'abricotier, le châtaigner, le framboisier, le noisettier, etc., peuvent y être cultivés, mais plutôt pour l'agrément et l'utilité particulière des colons, que dans des vues de profits pécuniaires ; en général, ces derniers fruits y sont moins bons qu'en Europe. Le pommier et le poirier donnent deux récoltes, l'une en mars, l'autre en octobre.

Le chêne-liège.

Cet arbre vient aussi dans les terrains secs, et est d'un très-grand rapport.

Voici maintenant la nomenclature des principaux arbres et arbustes que l'on rencontre dans les forêts, haies et broussailles : le chêne vert, l'orme, le frêne, l'aulne, le thuya, le pin et autres arbres verts, et

presque toutes les autres espèces que nous venons
de décrire en particulier s'y trouvent à l'état sauvage.

L'on voit que sous ce climat, il n'est pas besoin
d'avoir des serres chaudes, des couches, des bâches,
des cloches, pour avoir des fruits et des primeurs
dans toutes les saisons, que chaque mois y apporte
sa production, et que l'on a successivement, sans
interruption, des fruits qui se succèdent en abondance ; ainsi, le plus pauvre colon, sans frais et sans
le secours d'un jardinier habile, aura en hiver à sa
disposition plus de fruits et de légumes qu'un mil-
lionnaire à Paris.

Admirons avec reconnaissance les bienfaits d'un
tel climat !

BÉTAIL.

Par ce qui précède, nous avons vu les immenses
ressources qu'offrent ce beau pays pour l'alimentation du bétail, et qu'ainsi on n'éprouvera aucun em-
barras pour en élever une grande quantité, et nous
allons voir que la nature est aussi généreuse sous
ce dernier rapport, quant au nombre des espèces
que pour les plantes, et que l'on n'éprouvera que la
difficulté du choix.

Tout bien examiné, on peut sans exagération affirmer que l'Algérie a des productions quatre fois
plus variées que la France, quoique celle-ci soit
assez bien partagée.

Des chevaux.

Les chevaux barbes sont excellents, mais ils n'ont pas de belles formes et sont de petite taille ; néanmoins ils ont des qualités précieuses pour l'armée ; nerveux et vigoureux, ils ont le pied ferme et sûr du mulet, et, comme l'on dit vulgairement, de l'âne ; ils sont vifs, légers et courageux ; ils parcourent de grands espaces avec rapidité, et tous les chevaux d'Europe que l'on y a conduits n'ont pas pu rivaliser avec eux. Il est vrai qu'ils conviennent peu pour le trait, mais je crois qu'il y aura toujours plus d'avantage et moins de frais à se servir de l'espèce bovine pour la culture, qui n'exigera jamais beaucoup d'attelages pour le labourage, puisque nous avons démontré qu'il y aurait bénéfice à peu labourer ; et quant aux transports, ceux que l'on ne voudra pas faire voiturer par les bêtes à cornes, pourront peut-être être faits plus promptement et plus économiquement à dos de chameaux. Toujours est-il certain que le cheval arabe pour la selle est supérieur aux autres espèces, et dans un pays où l'on peut être exposé à guerroyer, cette qualité est inappréciable.

Il paraît que la chaleur est bienfaisante pour le cheval ; car les chevaux d'Espagne et d'Afrique occupent avec raison le premier rang, et si ceux d'Angleterre ont beaucoup de réputation, c'est par le soin que mettent les Anglais à renouveler leurs races par des étalons d'Afrique premier sang ; et ce qui pourrait ensuite confirmer cette opinion, c'est que dans ces pays chauds ils sont exempts de beaucoup de maladies qu'ils ont en Europe ; rarement là-bas perdent-ils la vue, tandis que chez nous il y en a un grand nombre privés de cet organe avant qu'ils aient atteint leur quatrième année.

Je crois que si l'on prenait des mesures convenables, on pourrait par la suite faire la remonte de notre cavalerie dans ce pays, et nous trouverions le double avantage d'avoir de meilleurs chevaux de guerre et de nous affranchir d'un tribut que nous payons à l'étranger pour plus de 15,000 chevaux que nous lui achetons chaque année. Pour améliorer les formes de ces animaux, il suffirait de mieux les soigner que ne le font les Arabes, qui, malgré leur passion apparente pour leur coursier, le traitent fort mal, ne le lavent et ne l'étrillent que très-rarement, et en outre lui font supporter des fatigues excessives qui l'épuisent et le ruinent promptement ; beaucoup de leurs chevaux à sept ans sont complétement usés ; et ensuite si on croisait les belles races espagnoles avec celle-là, il est hors de doute qu'on arriverait promptement à avoir l'espèce chevaline la plus remarquable du monde entier. C'est avec certitude que je puis prédire que l'éducation du cheval, bien dirigée en Algérie, sera pour l'avenir une branche féconde pour sa prospérité.

L'âne et le mulet.

Ces animaux, quand ils sont bien soignés, y sont robustes et rendent de grands services. L'on sait qu'ils coûtent beaucoup moins à nourrir que le cheval, qu'ils supportent mieux la fatigue et sont moins exposés aux maladies.

Le chameau.

Les chameaux sont d'une grande utilité pour les transports à bât, pour leur lait, et pour la chair des jeunes qui est bonne jusqu'à l'âge de cinq ans ; le poil des vieux est aussi un article de commerce, et ce qui donne un grand mérite à la possession de ces animaux, c'est la minime dépense qu'ils occasionnent pour leur nourriture. Ils parcourent, comme on sait, de fort longs trajets avec un poids qui peut aller jusqu'à quatre cents kilogrammes, et presque sans manger ; ils rendent de tels services, et à si bon marché, que chaque exploitant devrait en avoir un.

Le chameau est le véhicule naturel, l'animal providentiel du désert aux sables brûlants, comme le renne est celui de l'habitant de la froide Laponie et des rivages des mers glaciales : ainsi aux deux pôles opposés du globe, Dieu, dans sa prévoyance et dans sa sollicitude pour les besoins de l'homme, dans toutes les situations extrêmes, a placé deux ressources infiniment précieuses, et qui attestent à mes yeux la volonté d'un Créateur tout-puissant, devant lequel, humble et modeste, je m'incline, sans chercher à attribuer, comme quelques savants physiologistes cherchent à le faire, au simple jeu de l'organisme et de l'action de la nature, une création aussi merveilleuse et aussi intelligente ; et toutes les académies du monde n'expliqueront jamais scientifiquement ces phénomènes.

Des porcs.

Les porcs peuvent y être élevés ; néanmoins on ne doit pas tenir à en avoir beaucoup, parce que, dans les pays chauds, c'est une nourriutre insalubre pour l'homme, et qu'en outre on a le désagrément d'en perdre beaucoup par les maladies.

De l'espèce ovine.

L'Algérie est le pays par excellence pour l'entretien et l'élevage de l'espèce ovine, qui, y trouvant partout sous la dent les meilleures plantes aromatiques et salées, y prospère admirablement, fournit une chair exquise et une laine abondante et d'une belle qualité. Il existe deux espèces distinctes dont l'une petite, abâtardie : c'est la plus répandue ; et la seconde, plus rare, est grande. Ils ont également une espèce dont la queue est énorme, et, comme mets, c'est un manger délicieux fort recherché. Les indigènes font le plus grand cas de la chair de mouton ; c'est leur viande préférée ; ils ont de nombreux troupeaux, mais ils ne savent pas les soigner, étant uniquement pasteurs ambulants, lorsque la saison de la dépaissance est passée ; n'ayant à leur disposition qu'une quantité insuffisante d'alimentation en réserve pour leur bétail, ils le laissent dépérir ou le vendent alors à vil prix. Cette circonstance serait favorable aux colons, qui pourraient profiter de cet extrême bon marché pour acheter ces animaux. La gestation des brebis n'étant que de quatre mois, on a ordinairement deux agnelages par an, et il vaut mieux avoir des brebis que des moutons, à cause du lait et du produit. Là, les maladies épidémiques atteignent ces troupeaux plus rarement qu'ailleurs, et sous tous les rapports on peut affirmer que ce sera pour les colons intelligents une branche de revenu importante. Si l'on désirait avoir des laines aussi fines que celles d'Espagne, on arriverait facilement à réaliser ce souhait en faisant faire la monte des brebis arabes par des béliers de la Péninsule.

Des chèvres.

Les chèvres, dans tous les pays, offrent de grandes ressources aux malheureux principalement ; elles sont très-abondantes en Algérie ; cependant, attendu qu'il est d'un intérêt majeur d'y développer la culture arborescente, qui redoute si fort la dent meurtrière de ces animaux, il serait indispensable de ne plus les laisser vaguer sur le territoire, et de les tenir constamment à l'étable, où il sera très-facile de les nourrir à peu de frais.

De l'espèce bovine.

Cette espèce y est très-petite et peu laitière, mais on peut y remédier par l'introduction de nouvelles races, en faisant saillir les vaches de ce pays par des taureaux de la Lombardie ou de la Sicile, et surtout par une alimentation convenable. Nous savons qu'en Normandie, si les espèces y sont très-remarquables par leur taille et autres bonnes qualités, cela tient à l'excellence des pâturages, tandis que la Bretagne, qui est une province voisine et limitrophe n'a que des races chétives, parce que les herbages y sont peu abondants.

Au demeurant, on aura un grand intérêt à améliorer les races et à avoir un nombre suffisant de vaches, attendu que presque tout le travail agricole devra être fait par ces bestiaux, puisqu'on emploie peu de chevaux à cet usage.

Le buffle.

Le buffle qui est particulier aux climats chauds, puisqu'il ne peut supporter le froid, serait préférable de beaucoup au bœuf, attendu qu'il est plus facile à nourrir, qu'il s'accomode de tout, qu'il est extrêmement robuste, qu'il a une force presque double de celui-ci, qu'il est fort docile et ne craint point la fatigue. Le lait de la bufflone est très-gras et la viande de cet animal est assez bonne, surtout s'il n'est pas trop vieux, et elle fournit un suif très-abondant, fort estimé. Je crois qu'il y aurait avantage à le substituer au bœuf.

Le lama.

Le lama du Pérou, que l'on n'élève que dans les parties hautes et montagneuses, pourrait aussi être élevé en Afrique dans les mêmes régions où il offrirait de grands avantages, parce qu'il est d'un entretien facile, peu coûteux, qu'il participe de trois races, de la bête ovine, de l'âne et de la vache, et que par conséquent il peut rendre des services très-multiples. On a sa chair, sa laine et son travail dans des contrées où il est difficile d'élever avec avantage toute sorte de bétail ; j'oubliais de dire que sa peau est très-estimée.

Des ruches à miel.

Après les grandes espèces nous allons clore cette revue par une toute petite. Les Arabes ont des abeilles, et si on les soignait convenablement, elles s'y multiplieraient promptement, soit à cause du climat et plus encore à cause des excellentes plantes aromatiques et des fleurs, sur lesquelles elles trouveraient à butiner des sucs abondants, et il n'est pas douteux que le miel de ces ruches ne fût délicieux, la réputation de celui de Narbonne en est la confirmation. L'ancienne régence faisait une exportation de cire qui avait une certaine importance pour un État barbaresque. Les soins que l'on accorde aux ruches consistent tout simplement en surveillance et en précautions pour leurs conservation ; mais sans travail et sans dépense : sous les températures froides on est obligé de les nourrir en hiver, et de leur abandonner une grande partie de leur miel ; cela ne serait jamais nécessaire en Algérie ; sans être plus paresseux qu'un autre, je suis partisan déclaré de tous les produits que l'on obtient sans fatigue, parce qu'à mes yeux c'est un des beaux priviléges de l'intelligence humaine. En Afrique le règne animal, d'après la description que nous venons de faire, offre moins de variétés et de richesses que le règne végétal, et quand on les compare ensemble, on est surpris de l'immense supériorité du second, et l'on a de la peine au premier abord à se rendre compte de cette différence qui fait remarquer dans l'un des dimensions gigantesques et dans l'autre des dimensions de formes très-inférieures à ce qu'elles sont même dans d'autres contrées ; cependant, en y réfléchissant, je crois découvrir cette cause différentielle premièrement dans le régime d'alimentation, dans le défaut de soins, dans la négligence à croiser les races et à les relever par de bons choix de mâles ; et enfin en second lieu dans la température élevée du climat qui produit une sécrétion trop forte des matières aqueuses chez les animaux, et à l'exercice continuel qu'ils prennent, étant toujours libres au pacage, où souvent aussi les moucherons les tourmentent cruellement ; au reste cette absence de volume chez ceux-ci n'est pas infiniment regrettable, quand on veut faire attention que souvent les petites espèces ont plus de vivacité et de nerf que les grandes, que leurs chairs sont plus savoureuses et plus délicates; en effet, qui ignore que la viande du grand mérinos est moins bonne que celle du petit mouton trapu de Berbères? On ne peut donc pas autant se réjouir des ressources offertes par le bétail, bien qu'elles soient très-précieuses, que de celles résultant de la végétation qui y est si puissante, qu'elle étale toutes les splendeurs d'une munificence sans pareille, qu'elle parfume l'air et le remplit d'émanations odoriférantes les plus suaves, qu'elle fait succéder les fleurs les plus brillantes les unes les autres avec une continuité si constante que la vue ne passe pas un jour de l'année sans être réjouie par leur présence; qu'elle donne d'amples satisfactions à toutes les sensations et à tous les organes de l'homme; car ses yeux, son palais, son goût peuvent se rassasier des jouissances qu'elles prodiguent. On est d'un bout de l'année à l'autre au centre d'un vaste parterre, et cela se conçoit quand on fait attention qu'à Alger, pendant les mois de décembre, janvier et février, on a la même température qu'à Paris en avril et en mai. Je présume aussi que les brises maritimes, qui promènent assez régulièrement de dix à quatre heures pendant les plus fortes chaleurs leur souffle rafraîchissant et si salutaire aux hommes, sont également bienfaisantes pour les végétaux qu'elles raffraîchissent et qu'elles saturent des substances salines et ammoniacales dont elles se sont imprégnées en traversant les mers.

Après avoir exploré les deux règnes dont nous venons de parler, nous ne terminerons pas sans porter nos explorations sur le règne minéral, qui, lui aussi, mérite de fixer les regards, et qui fait concevoir de grandes espérances d'après les recherches géologiques faites.

Les métaux les plus précieux paraissent y avoir des gisements. L'existence de l'or a été reconnue à *Frendah;* à vingt-quatre kilomètres de Mascara, dans les montagnes de Tescha, presqu'à la surface du sol, il existe une mine de cuivre; tout près de là on a découvert une mine de plomb, de la chalcédoine ou de l'agate et du cristal de roche. Sur les montagnes qui dominent le port de Collo il y a du cuivre et du cristal; on trouve également beaucoup de cuivre à une lieue de Médéah, dans la direction du col de Ténia. Le minerai de fer y abonde, et il est probable que la houille n'y fera pas défaut; mais je ne constate ces existences que pour mémoire, parce que je les considère comme étant d'un faible intérêt pour les colons, qui en trouveront un très-grand dans les nombreuses carrières de plâtre, de chaux, de marne et de sel gemme que l'on y trouve à profusion, et ils ne devront pas hésiter à se faire exploitants de ces mines agricoles.

Nous ne quitterons pas les questions d'agriculture sans dire qu'il serait très-utile et très-facile de boiser tous les terrains qui ont trop de pente pour la culture; mais c'est une opération sylvicole qui rentrerait dans les attributions de l'État.

Il est évident, d'après le tableau rapide que nous venons d'exposer, que la colonisation algérienne offre la perspective la plus séduisante; qu'elle ne laisse rien à désirer à l'imagination la plus exigeante; et il n'est pas besoin de dire que la terrible nostalgie, tant redoutée des émigrants, ne ferait pas ici de victimes : le ciel de ce pays est trop beau pour qu'elle pût s'y manifester.

PRÉCAUTIONS HYGIÉNIQUES.

Si dans son pays natal on ne peut se dispenser impunément de violer les prescriptions de l'hygiène, c'est un devoir rigoureux, sous peine de compromettre son existence, de n'en pas observer toutes les règles dans une contrée nouvelle, où naturellement la transition subite du climat vient exercer son influence sur les organisations même les plus fortes ; et le colon qui s'est soumis au régime hygiénique, peut bien éprouver un dérangement momentané dans sa santé, mais il évitera toujours par ce moyen les accidents graves.

Ainsi, c'est à tort que l'on attribue à l'air de l'Algérie certaines maladies auxquelles sont exposés les émigrants ; car ceux-ci peuvent les prévenir avec de la prévoyance et des précautions. Beaucoup parmi les premiers colons ont été victimes du séjour qu'ils y ont fait, par des causes, qui à l'avenir ne devront plus se renouveler. Et d'abord, si en premier lieu ils ont contribué à leur malheur par leur négligence propre et leur inexpérience, l'administration a bien à se reprocher son incurie, son imprévoyance, et la vérité me fait un devoir de dire que jusqu'à ce jour elle ne s'était pas occupée sérieusement de la colonisation, et qu'elle était bien coupable d'appeler des Français pour les abandonner sans direction, sans protection à leurs propres forces, et avant qu'aucunes dispositions convenables eussent été faites pour leur établissement, et pour être véridique, il faut avouer que ces désastres particuliers ont été funestes au succès du peuplement de cette contrée.

Ces faits prouvent surabondamment que les émigrants ne doivent pas être abandonnés à eux-mêmes, à leurs ressources personnelles, et que le gouvernement seul peut remplir cette grande mission.

Nous avons déjà dit que le sol devrait être débarrassé, autant que possible, de ces mares pestilentielles que les anciens habitants n'ont jamais essayé de déssécher, et que quand il s'en rencontrerait quelques-unes, que l'on ne pourrait vider, il serait prudent d'en planter les contours de nombreux arbustes à larges feuilles et vivaces, pour neutraliser ou amoindrir les mauvais effets des miasmes insalubres qui s'en échappent.

Après le coucher du soleil, l'abondance de la rosée refroidit l'atmosphère d'une manière compromettante pour la santé de ceux qui sont dehors sans être bien couverts; aussi quand on ne peut pas rentrer chez soi, il est bon d'avoir la tête enveloppée d'un burnous, et l'abdomen recouvert d'une large ceinture en laine ou en soie.

Quant au régime alimentaire, on devra être très-sobre à l'endroit des boissons alcooliques, prendre du café noir tous les jours, faire usage d'épices, d'eau de riz, fumer du tabac les matins et soirs, ne jamais sortir à jeun le matin : il n'est pas besoin de dire que l'extrême propreté du corps est aussi de rigueur, et que les bains sont salutaires.

Les maladies inflammatoires de la tête et des organes digestifs y règnent comme dans tous les pays chauds, et atteignent particulièrement ceux qui font abus de liqueurs spiritueuses.

DÉFRICHEMENTS.

Cette opération sera la plus difficultueuse et la plus pénible des nouveaux colons, attendu que les makis qui couvrent de grands espaces, sont garnis de broussailles et d'arbustes qui offrent une résistance sérieuse aux travailleurs, et, selon nous, voici les moyens les plus efficaces pour vaincre ces obstacles : D'abord on ne procédera au défrichement que successivement et dans la mesure des seuls moyens de force dont on pourra disposer, c'est-à-dire, que celui qui aura une contenance totale de dix hectares, je suppose, n'en défrichera que deux ou trois la première année, de la manière suivante : Il commencera par arracher soigneusement tous les jeunes plants d'arbres à fruits qui seront susceptibles d'être replantés dans d'autres positions, pour être écussonnés ou greffés, chacun selon leur nature ; ensuite il coupera à raz de terre toutes les broussailles pour en faire des fagots à brûler à la maison ; quant aux chicots qui resteront dans la terre, il les enlevera au moyen de deux instruments fort simples, avec un crochet en fer fixé au bout d'une forte perche qui agira par torsion pour briser les racines, ou avec un lévier garni à l'extrémité d'un trident en fer, qui opérera l'arrachement par la pression de haut en bas. Ce premier nettoiement fournira en combustibles ou en plants au-delà de l'équivalent des frais. S'il se trouve ensuite quelques rocailles, il les extirpera à la pioche ou avec d'autres outils en usage, afin de faciliter le passage de l'instrument aratoire. Cela fait, je présume que le colon est en possession d'une bonne charrue, d'une paire de bœufs, ou mieux encore de deux buffles ou bufflons, et avec son attelage, il procédera au défoncemeut de son terrain, et s'il arrivait que les deux bêtes ne fussent pas assez fortes pour faire fonctionner sa charrue, il s'entendrait avec l'un de ses voisins pour travailler en commun tour à tour en réunissant leurs attelages; et je conseillerais d'employer toujours cette dernière méthode, afin de ménager les animaux et pour faire une meilleure besogne. Ordinairement on défoncera de 40 à 50 centimètres de profondeur, et si l'on ne peut y arriver du premier coup de charue, on la passera deux fois dans le même sillon. Ensuite on se servira de la herse, du rouleau, de l'extirpateur, et quelquefois de la pioche pour bien ameubler la terre et la rendre pulvérulente; on devra la remuer et la retourner le plus qu'on pourra avant l'ensemencement pour la mûrir et lui faire absorber beaucoup de gaz atmosphérique, et si avant de lui confier la semence on peut la fumer, on se placera dans de bonnes conditions. Ordinairement ce sera en automne et en hiver que l'on fera ce travail, parce que la terre étant détrempée par la pluie, sera moins dure, et que les animaux étant moins tourmentés par la chaleur et les mouches auront plus de vigueur.

CONSEILS

SUR LE FAIRE-VALOIR D'UNE PROPRIÉTÉ A LA PRISE DE POSSESSION.

En arrivant sur sa concession, le colon doit examiner attentivement la nature de son terrain, pour voir ce qu'il a à faire : le premier besoin pour lui est d'assurer ses subsistances et celles de ses animaux, et pour cela, il commencera par attaquer, pour les mettre en culture, les parties les meilleures et les plus faciles à travailler pour éviter les frais ; il calculera les fourrages qui lui sont indispensables pour l'entretien de son bétail, et la quantité de céréales qu'il pourra consommer, pour le diriger en conséquence.

Quand il aura pourvu aux nécessités de l'existence en créant des fourrages et des grains, il songera aux plantations les plus productives selon la localité, pour avoir plus tard le revenu pécuniaire le plus avantageux possible ; mais, nonobstant les précieuses ressources du pays, il ne doit pas se bercer dans de vaines illusions, d'avoir dès le début du bien-être et des profits : les commencements d'une exploitation agricole sont toujours ingrats et pénibles, et ce ne sera qu'après quatre ou cinq années qu'il pourra amplement recueillir les fruits d'un travail persévérant et intelligent.

Le travail d'un rural n'étant pas continu et uniforme comme celui d'une manufacture industrielle ; les opérations étant très-multiples à certaines époques, et même quelquefois au-dessus des moyens d'action de l'exploitant, c'est une des premières précautions que doit avoir celui-ci de bien diviser ses cultures, de manière à n'être jamais encombré, et à ne jamais, aussi, demeurer inoccupé. Ainsi, il fera la part des hommes et des animaux de telle sorte que sa combinaison assure la meilleure répartition possible de ses travaux pendant tout le cours de l'année.

Ensuite, il examinera comment il utilisera le sol ; dans ce but, il doit se faire un plan complet d'organisation, comprenant toutes les branches destinées à composer ses cultures et leurs rapports réciproques ; il déterminera quelles sont les récoltes à cultiver, quelle étendue il consacrera à chacune d'elles, quelle espèce de bétail il tiendra, en quelle quantité ; dans ses plantations, il choisira les arbustes qui peuvent le plus promptement rapporter, ayant soin de les mettre à la place qui convient le mieux à leur nature. Une indication certaine pour cela sera l'examen des arbustes qui se trouvaient sur le sol à l'état sauvage avant le défrichement, parce que c'est une loi naturelle à toutes les plantes de s'établir spontanément sur le sol qui leur convient le mieux.

J'aurais dû commencer par recommander de faire l'inventaire et l'examen du mobilier aratoire pour compléter ce qui pourrait manquer, de peupler la basse-cour de volaille, de choisir un emplacement pour le jardin potager, de le clore et de le mettre en état de production, de choisir aussi un local pour la fosse à fumier, de prendre garde qu'elle soit disposée de manière à ce que les eaux pluviales n'entraînent pas le purin, et l'entourer d'arbustes pour l'ombrager.

Pour empêcher le tas de fumier de trop se dessécher et de perdre par l'évaporation ses meilleurs sels, on le couvrira de temps en temps d'une couche de terre fraîche pour concentrer les gaz dans l'intérieur, et pour empêcher la putréfaction d'être trop rapide ; on observera que la grande chaleur, activant beaucoup la fermentation et la décomposition, il faut, tous les deux mois, le porter au champ que l'on veut amender.

On n'oubliera pas que bien fumer une terre, bien nourrir le bétail, sont les moyens de s'enrichir.

Si le colon est assez heureux pour se trouver dans une localité pourvue d'une eau abondante, ses efforts seront moins grands pour obtenir promptement de bonnes récoltes ; néanmoins, quand il sera privé de cet agent précieux, il trouvera, dans la série nombreuse des cultures que nous avons indiquées, plusieurs combinaisons pour se créer également des ressources importantes.

Il est inutile d'ajouter qu'il doit se conduire en bon père de famille, être laborieux, sobre, économe, moral, et observateur rigoureux des réglements de police ou administratifs ; que d'abord c'est son devoir comme homme, et qu'en second lieu, les bienfaits qu'il reçoit de l'État lui en font une obligation rigoureuse.

DU TRAVAIL COLLECTIF.

A une époque où les idées de communauté et de solidarité pour le travail collectif sont en vogue, il n'est peut-être pas hors de propos de mentionner ici un fait capital relatif à ce sujet, et qui s'est passé en Algérie.

A la fin de septembre 1843, le maréchal Bugeaud fut visiter à Méred une des trois colonies militaires qu'il avait établies en Algérie, d'après le principe de la communauté : il fut péniblement surpris de trouver ses colons tristes et découragés, et les travaux en fort mauvais état ; après quelques observations et des reproches, ils convinrent qu'ils travaillaient fort mal et demandèrent unanimement à être désassociés, parce que, disaient-ils, les travailleurs actifs ne voulaient pas faire la besogne des paresseux, ou travailler les uns plus que les autres ; de sorte que la paresse était devenue l'habitude commune. Le gouverneur leur tint ce langage :

« Comment, mes amis, vous êtes tous camarades, du même régiment (du 48ᵉ), vous vous êtes choisis volontairement, vous êtes tous jeunes et robustes, vous ne formez en quelque sorte qu'une famille de frères, et vous ne savez pas vivre et travailler en commun, sans calculer si l'un en fait plus que l'autre ? — Mon gouverneur, nous nous aimons beaucoup, et, malgré cela, il n'y a pas d'émulation pour le travail ; on ne croit pas travailler pour soi quand on travaille en commun; mais ce sera bien pis quand nous serons mariés ; nos femmes s'accorderont bien moins que nous pour le travail, et pour tout ce sera un enfer. Si nous vous prouvions que nous avons plus produit dans le jour par semaine que vous avez accordé à chacun que dans les cinq jours de la communauté, vous ne refuseriez pas de nous désassocier.

Je procédai immédiatement à la vérification de ce fait, j'appréciai successivement les soixante-sept récoltes individuelles; des officiers écrivaient mes appréciations, et l'addition donna en effet une somme supérieure d'un cinquième à l'ensemble des récoltes de la communauté. Cette opération terminée je réunis de nouveau les colons, je leur déclarai que les résultats de cette enquête me décidaient a établir parmi eux le travail individuel; mais je les prévins que puisqu'ils se croyaient capables de se suffire à eux-mêmes en se séparant, je leur retirerais les vivres et la solde; ils accueillirent cette déclaration par un consentement unanime.»

Ce n'est guère que dans les corporations religieuses que le principe de la communauté peut recevoir une application féconde, parce que tous les membres d'une congrégation étant sous l'influence du même mobile, étant habitués à la même discipline, ayant des désirs uniformes, et de plus, possédant cet esprit de corps qui relie toutes les individualités au même centre, il y a nécessairement concours de toutes les volontés vers le même but. Là, chaque membre sait qu'isolément il ne serait rien, que sa force et son bonheur sont tout entiers dans l'établissement auquel il appartient, et de plus la loi divine dominant et faisant taire ses volontés particulières, sa soumission cède sans efforts devant les devoirs qu'il lui est prescrit d'accomplir; mais dans une réunion civile qui n'a d'autre lien que l'intérêt et le sentiment du bien-être matériel, l'égoïsme ne saurait disparaître pour faire place au dévouement, et, sous ce rapport, il me semble que les socialistes modernes n'ont pas compris le cœur humain.

SÉCURITÉ DES COLONS

ET DÉFENSE DU TERRITOIRE.

La sécurité pour les personnes et les propriétés étant au rang des premiers besoins, nous allons examiner quels sont les moyens les plus efficaces pour atteindre ce but.

Il est hors de conteste que plus les colons seront nombreux, moins les agressions des indigènes seront redoutables et possibles; néanmoins pendant long-temps encore la présence d'une armée sera indispensable pour la sûreté de la colonie; mais ces régiments, par l'exécution de certains travaux publics, indemniseront en partie le Trésor de ses frais, et plus la colonisation aura pris d'extension, moins il sera nécessaire d'y conserver de troupes, et pour cela il faudra que tous les colons de vingt à soixante ans soient armés et soumis à une discipline militaire, semblable à celle qui est adoptée en Suisse et en Prusse: il y aurait des jours de revues et de manœuvres auxquelles tous seraient tenus d'assister; les cadres en officiers et sous-officiers devraient être composés d'anciens militaires connaissant parfaitement le service et pouvant au besoin diriger les opérations militaires d'après les principes d'une bonne stratégie. Cette milice sédentaire et nombreuse étant soutenue par quelques bataillons de l'armée active, occupant dans toutes les positions principales des points fortifiés, tout le pays se trouverait couvert et à l'abri des tentatives d'insurrections.

Il n'est pas possible de supposer que tous les colons ne se soumissent pas avec zèle et dévouement à un service si essentiel à la conservation de leurs intérêts les plus chers. Ainsi, l'effectif de l'armée d'occupation venant à se réduire dans une forte proportion, permettrait au gouvernement de disposer de plus fortes sommes en faveur de la colonisation.

D'après ce plan, il y aurait presque compensation pour le Trésor ; et, en effet, en admettant qu'il fût possible d'économiser cinquante millions sur les dépenses actuelles, qui sont infructueuses pour la mise en rapport du sol, il y aurait là de quoi pourvoir à l'existence d'un bon noyau de population de travailleurs.

Disons-le tout de suite avec franchise, des tentatives de cultures partielles et isolées n'aboutiront à rien, et coûteront à l'État cent fois plus qu'elles ne valent ; et n'est-il pas ridicule, pour ne pas dire plus, de dépenser annuellement cent millions pour garder des makis infectés de reptiles et d'insectes ? Il est honteux pour une nation comme la France de ne tirer aucun parti d'une conquête d'une si haute importance, et qui nous est enviée par toutes les puissances continentales.

Lorsque les indigènes nous auront vus prendre

une possession sérieuse du pays par un établissement colonial vraiment digne de ce nom, ils seront convaincus que nous ne pouvons désormais renoncer à notre conquête, et cette persuasion leur ôtera toutes leurs illusions, et les fera renoncer à tout projet insensé d'attaque. On sait que jusqu'ici les incertitudes du gouvernement, les tergiversations de nos hommes d'État à l'égard de l'Algérie, ont été les principales causes des prises d'armes des Arabes.

Il ne faudrait pas les masser sur de grandes étendues de territoire distinctes et à part; je crois qu'il vaudrait mieux les cantonner et même les intercaler au milieu de nous, autant que cela se pourrait, pour ne pas les perdre de vue, pour épier leurs mouvements et leurs dispositions, afin de prévenir toute insurrection et être très-sévère dans les représailles. Étant ainsi divisés et éparpillés, et constamment à la portée du canon de nos forts, ils perdraient leurs velléités guerroyantes; d'ailleurs, ce serait le moyen de dissoudre leur organisation militaire, de rompre l'unité et le lien qui faisait leur force.

Nous voyant de très-près, étant ainsi mêlés avec nous, les habitudes de la civilisation et du travail les pénétreront; mais pour appliquer un tel système sans danger, il faudrait que nous fussions les plus nombreux; cela paraît facile quand on sait combien cette population indigène est faible par le nombre; cependant je pense que nous ne serons des possesseurs sérieux, avec avantage pour la mère-patrie, des richesses de ce pays, que lorsque nous y aurons installé trois à quatre millions de Français. Dans cette hypothèse, la France, au lieu d'avoir des sacrifices à faire, y puiserait d'abondantes recettes et toutes les productions qui lui manquent. Ce chiffre de trois à quatre millions paraît considérable, et cependant il est très-minime relativement aux ressources du pays, qui pourrait facilement supporter et faire vivre dans le bien-être plus de trente millions d'habitants.

Je le répète, des cultures rares, isolées, en un mot des fragments de colonisation n'aboutiront qu'à ruiner la France.

LA FUSION DES INDIGÈNES AVEC LES COLONS FRANÇAIS SERA-T-ELLE POSSIBLE ET POURRONT-ILS SERVIR D'AUXILIAIRES AUX TRAVAUX DE LA COLONISATION?

Pour résoudre cette question il est indispensable d'entrer dans quelques détails sur les mœurs et les habitudes de ce peuple. L'Arabe a tous les vices des peuples civilisés : la cupidité, l'avarice, la mauvaise foi, la ruse et la rapine sont des passions incarnées en lui; il est fier et fort avec le faible, bas, rampant et vil avec le fort. Accoutumé à respecter l'autorité et à céder devant la force, il ne comprend pas les égards et les bons procédés d'un pouvoir tutélaire, doux et bienveillant; à ses yeux, ces nobles vertus sont un signe de faiblesse, et il se croit en droit de le mépriser et de le braver; aussi, la justice turque, si dure et si expéditive avait obtenu une soumission complète. Il refuse une chose juste qui lui est demandée avec urbanité et douceur, et l'accorde instantanément au chef qu'il redoute.

On voit donc qu'ils ont tous les défauts de la civilisation sans avoir pour contrepoids quelques-unes de ses vertus, et que le mal l'emporte sur le bien.

Il est peu susceptible d'attachement et de reconnaissance; il affectionne peu sa famille, et son égoïsme est tel que souvent l'argent qu'il possède est perdu, à sa mort, pour ses enfants, auxquels il a toujours laissé ignorer ce qu'il tenait en réserve, et l'endroit où il l'avait mystérieusement caché. Il est prolixe, criard, fourbe; il a un grand mépris pour le travail joint au désir de posséder sans labeur.

Sa vie pastorale ambulante lui a fait contracter des habitudes qu'il nous sera difficile de réformer, pour l'obliger à vivre sur un espace restreint au moyen de la culture qu'il ignore complètement, à l'exception des Kabyles, qui sont sédentaires, qui ont des vergers et diverses cultures qui, sans être très-perfectionnées, ont cependant de l'importance dans un pays aussi arriéré.

Cependant, peut-être que l'amour excessif de l'argent décidera l'Arabe à travailler sous nos ordres, et dès le moment où il n'aura plus à sa disposition un vaste territoire pour y promener ses troupeaux, il comprendra que pour vivre sur quelques hectares de terre, il faut exécuter des travaux, et notre exemple le décidera à nous imiter; mais il sera longtemps à prendre ce parti, et en outre la différence de religion sera toujours un obstacle insurmontable pour qu'il contracte alliance avec un Européen.

Ce qui précède prouve évidemment que les bornes des héritages sont bonnes à quelque chose, que la terre libre, appartenant à la communauté des habitants, n'est pas entre leurs mains un instrument de richesse et de bien-être.

Néanmoins, quoiqu'il y ait peu de services à espérer d'eux, pour le présent, il est essentiel que les indigènes vivent rapprochés de nous, au milieu de nous, et pour ainsi dire sous notre main, pour que nous puissions plus facilement les surveiller, et pour que notre contact opère plus promptement leur transformation et leur éducation; car si nous ne pouvons leur ôter leurs défauts et leurs mauvais instincts, il faut du moins chercher à leur inculquer quelques-unes des bonnes qualités des habitants du continent : cependant il paraît qu'il serait nécessaire pendant quelque temps encore de leur laisser leur organisation et leurs chefs naturels, qui recevraient nos ordres et seraient chargés de les faire exécuter sous leur responsabilité; mais plus tard il serait d'une sage politique de faire disparaître ces priviléges et ces signes distinctifs de leur nationalité, pour les incorporer définitivement dans la même unité gouvernementale, et cela, aussitôt que leur éducation morale et politique le permettrait.

Ainsi, il est évident que ne pouvant pas compter sur la coopération des naturels pour commencer le grand œuvre de la colonisation, cette opération devient plus difficile et plus embarrassante pour nous, obligés que nous sommes à nous suffire à nous-mêmes, et malgré ce défaut de concours et d'assistance, il n'y a pas à se décourager; mais il est utile de bien connaître d'avance ses ressources. Tout ce que nous venons de dire nous conduit à conclure qu'il est de toute nécessité d'y transporter ou d'y attirer assez de monde pour donner une impulsion active à la mise en rapport de cette belle colonie, et dans le chapitre qui suit, nous allons indiquer quelques voies et moyens.

QUE DEVRA FAIRE L'ÉTAT POUR ASSURER LE SORT ET LE BIEN-ÊTRE DES COLONS ?

C'est ici que se trouve la plus grande difficulté du problème à résoudre, et sur cette grave question les opinions sont extrêmement divergentes ; néanmoins nous allons essayer avec une entière indépendance et avec franchise d'émettre nos idées sur cet important sujet. Les événements politiques qui ont surgi en France cette année, ont malheureusement hâté la débâcle dont nos finances étaient menacées depuis longtemps, et les ont réduites à un état déplorable, qui cependant, selon les probabilités les plus certaines, ne sera que momentané ; et pour coloniser dans de larges proportions, il faudrait beaucoup de millions, sous peine de n'arriver à aucun résultat satisfaisant, et il n'est guère possible, sans le concours des gros capitaux, d'atteindre le but où l'on doit vouloir aller ; car on est persuadé que tous les frais de premier établissement et même d'entretien pendant au moins la première année, devront être supportés par l'État, parce qu'à peu d'exceptions près, les personnes qui ont un petit avoir en France, se décideront difficilement à échanger leur modeste position contre une bien meilleure en Algérie. Et cependant si un nombre infini de petits cultivateurs de plusieurs de nos départements, qui n'ont que deux ou trois hectares de terrain plus ordinairement mauvais que bon, qui sont tous dans un état voisin de l'indigence, avaient le bon sens de réaliser ce petit lopin de patrimoine, au moyen d'une concession gratuite d'une dizaine d'hectares qui leur serait faite en Algérie, au bout de sept à huit ans ils auraient des propriétés d'une valeur de plus de cinquante mille francs; mais je crains qu'on ne parvienne pas à faire comprendre au paysan français, qu'il a tout à gagner dans ce changement de position.

Dans cet état de choses, on sera donc obligé de chercher des émigrants dans les villes; mais la plupart des ouvriers urbains ne sont pas aptes aux travaux des champs, et même beaucoup d'entre eux affectent du mépris pour l'honorable profession de cultivateur; ils préfèrent s'étioler dans leurs bouges obscurs, ou dans leurs misérables mansardes, et endurer souvent les plus dures privations, plutôt que d'accoutumer leurs bras à tenir les mancherons d'une charrue; c'est une prévention stupide que l'on aura de la peine à détruire. Je ne sais par quel non-sens grossier on a pu introduire et accepter cette absurde idée, que les artisans sont au-dessus des cultivateurs; hé! comment a-t-on pu croire de bonne foi, qu'il était plus honorable d'avoir entre les mains du cuir et de la poix qu'une gerbe de blé ou une grappe de raisin! Néanmoins ce préjugé existe, et il est très-nuisible à la société.

Une autre question également fort épineuse est celle-ci : Accordera-t-on des concessions gratuites, toujours temporaires, à une famille seulement pouvant faire son exploitation elle-même, et acceptera-t-on aussi une réunion de célibataires qui voudront vivre en communauté pour pratiquer le travail collectif?

L'anecdote relative au maréchal Bugeaud, que j'ai citée plus haut, n'est pas favorable à cette combinaison, et moi-même j'avoue que je craindrais fort que les sacrifices faits par l'Etat dans des cas semblables, ne le fussent en pure perte. Dans mon opinion toutes les exploitations, dont les avances seraient au compte de l'Etat devraient être faites par des familles. Je prévois bien que ce système sera contraire aux désirs de beaucoup d'individus isolés; mais s'ils ont l'intention de passer en Algérie, comme ouvriers, chefs ou compagnons, ils pourront également s'y créer des ressources en peu de temps et devenir plus tard colons, quand ils seraient chefs de famille. Pour les encourager dans cette émigration, qui aurait aussi son utilité sous plusieurs points de vue, le gouvernement leur donnerait le passage gratuit, et dans certains cas des gratifications à titre de primes d'encouragement.

Quant à l'étendue des concessions, elles devraient être assez considérables pour créer un bel avenir à celui qui les aurait obtenues, et d'ailleurs ce n'est pas en s'installant dans un pays nouveau qu'il faut débuter par le morceler à l'infini; le morcellement n'arrive toujours que trop tôt pour le malheur de l'agriculture.

Quiconque a parcouru quelques départements méridionaux de la France n'a pu voir sans en être affligé, dans l'intérêt de la bonne culture, l'exiguité et le grand nombre de parcelles de terre des petits propriétaires enchevêtrées et enclavées de tous côtés; j'en connais qui n'ont pas pour trois mille frans de propriétés et qui ont plus de trente héritages; il est arrivé quelquefois à la femme, quand elle allait porter le dîner à son mari, de ne savoir où le rencontrer. Cet abus fait perdre beaucoup de temps au cultivateur pour changer souvent de place, rend la surveillance plus pénible, les assolements difficiles et irréguliers, donne lieu à des contestations sans fin d'usurpation, de déplacements de bornes, et fait naître un grand nombre de procès qui sont toujours la ruine de l'homme de la campagne.

Si l'agriculture anglaise est si perfectionnée et si supérieure à celle de la France, cela tient uniquement à deux causes : à l'aisance pécuniaire des exploiteurs, et à l'indivision des propriétés résultant de la législation relative aux successions.

Je dis donc que chaque colon devra avoir au moins dix hectares de terrain, et plus s'il n'est pas d'une qualité supérieure, divisés au plus en quatre parcelles et joignant des chemins.

Les bâtiments, les bestiaux, les instruments aratoires, et les grains nécessaires pour la première année, devraient être fournis par l'État ; pendant les huit premières années, le colon devrait être exempt de toute redevance, parce que ce temps lui est indispensable pour voir croître ses arbres qui lui donneront le bénéfice le plus important, et pour que toutes ses autres cultures soient en plein rapport, et alors il serait soumis à l'impôt et aurait en outre à payer au trésor public, à titre de remboursement, et par annuités égales divisées en dix ou quinze années, une somme modérée et minime pour être propriétaire définitif et incommutable.

D'après ce plan, le gouvernement ne ferait que commanditer le colon, pour, à une époque déterminée, recueillir les avantages de cette immense opération ; mais, je le répète, je crains qu'il ne puisse disposer instantanément des fonds qui seraient nécessaires, et cependant il est urgent de commencer cette vaste entreprise, qui aurait pour l'avenir de la France les conséquences les plus satisfaisantes.

Dès le commencement, comme l'on ne pourrait pas tout coloniser à la fois, il conviendrait de placer les premières exploitations dans les meilleures positions, et de donner surtout la préférence à celles où il y aurait des cours d'eau.

L'on n'a pas oublié que j'ai dit plus haut que les frais de colonisation seraient jusqu'à un certain point compensés par les économies résultant de la réduction de l'armée d'occupation, et si j'insiste sur ce point capital, c'est pour démontrer que le trésor national ne sera pas surchargé autant qu'on pourrait le croire.

Il existe, depuis quelque temps, des pépinières nationales qui sont d'une grande utilité; mais il serait urgent d'y établir des fermes modèles pour la culture expérimentale et la culture modèle.

Quelques inspecteurs seraient aussi utiles pour procéder au lotissement des colons, pour les visiter le plus souvent possible, pour les guider, les encourager, et les conseiller dans leurs travaux, et enfin pour publier des bulletins agricoles dans le but de vulgariser les connaissances pratiques culturales les plus nécessaires.

Je n'ai rien dit de l'industrie manufacturière, et je n'ai pas à m'en occuper, attendu qu'il serait très-fâcheux qu'elle vînt s'y établir, pour absorber les capitaux que réclame l'agriculture, et pour lui enlever les bras qui lui sont si nécessaires. Nous pensons que, pendant des siècles, les fruits de cet Eden de la terre promise suffiront pour faire vivre heureux et dans l'abondance les colons; et nous faisons les vœux les plus ardents pour que ces espérances se réalisent.

Nous terminons, en disant aux Français que les

étreintes de la misère font souffrir ici, qu'il y a une nouvelle France qui les attend et les appelle ; qu'ils trouveront sous ce beau soleil des frères, la protection de la mère patrie, les joies et le bonheur qu'elle ne peut accorder ici à tous ses enfants.

Il est affligeant de voir les hommes pressés et entassés sur quelques points du globe, pendant que de riches contrées sont inhabitées ; la terre n'a jamais manqué à l'homme ; c'est plutôt lui qui a fait défaut à la terre, et c'est son manque de confiance en la Providence qui a été souvent la cause de ses maux.

Paris, le 1er août 1848.

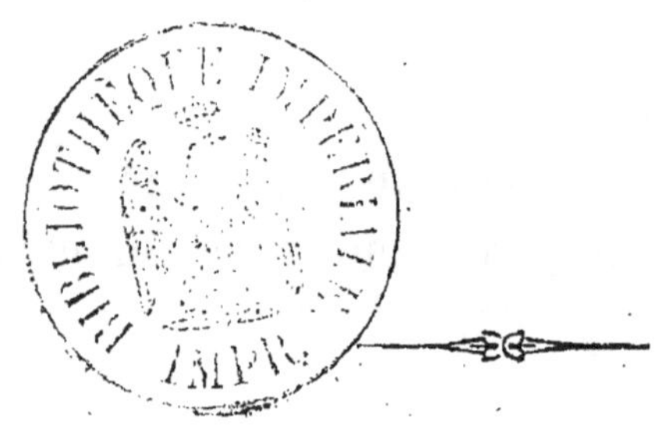

Cette notice est extraite d'un ouvrage étendu qui paraîtra en janvier prochain.

TABLE DES MATIÈRES.

www.ingramcontent.com/pod-product-compliance
Lightning Source LLC
Chambersburg PA
CBHW051251030726
47595CB00003B/1196